ANÁLISE TÉCNICA AVANÇADA PARA FOREX

Leve Sua Análise Técnica para o Próximo Nível Para Maiores Lucros

WAYNE WALKER

Este livro foi escrito com o objetivo de fornecer informações tão precisas e confiáveis quanto possível. Os profissionais devem ser consultados conforme necessário antes de empreender qualquer uma das ações aqui endossadas.

Esta declaração é considerada justa e válida tanto pela Ordem dos Advogados Americana quanto pela Associação do Comitê de Editores e é legalmente obrigatória em todos os Estados Unidos.

As informações nas páginas seguintes são amplamente consideradas como um relato verdadeiro e preciso dos fatos, e como tal qualquer desatenção, uso ou mau uso das informações em questão por parte do leitor tornará qualquer ação resultante unicamente sob sua alçada. Não existem cenários em que o editor ou o autor desta obra possa ser de alguma forma considerado responsável por qualquer dificuldade ou dano que possa lhes ocorrer após empreender as informações aqui descritas.

ÍNDICE

INTRODUÇÃO

Parabéns por sua cópia pessoal de *Análise Técnica Avançada Para Forex*. Continuamos nossa jornada desde o primeiro livro para adquirir uma compreensão mais ampla e profunda da análise técnica para o Forex. A ênfase permanece em aplicações práticas. Você será apresentado a novas estratégias junto com o know-how sobre como aplicá-las. Também examinaremos indicadores de análise técnica mais avançados que podem aumentar sua capacidade de ganhar dinheiro.

Os capítulos finais cobrem a análise fundamental avançada e a área frequentemente negligenciada da psicologia do trader. Estas seções são um bônus para comerciantes de todos os tipos. Obrigado por ter escolhido este livro!

CAPÍTULO 1:
Essencial dos Gráficos

Essencial dos Gráficos

Os gráficos são a melhor ferramenta de um negociante forex. Como trader, você provavelmente usará seus gráficos mais do que qualquer outra ferramenta disponível. Como seus gráficos desempenharão um papel tão grande em suas negociações, é importante que você se familiarize com eles. Quanto mais confortável você estiver com seus gráficos, mais fácil será para você se tornar um negociador rentável.

Para ajudá-lo a se familiarizar com os gráficos e como você pode usá-los efetivamente, nós cobriremos os seguintes conceitos: configuração de gráficos, cronogramas de gráficos, tipos de gráficos. Cobriremos também os indicadores técnicos úteis que você pode adicionar a seus gráficos para melhorar seus resultados comerciais nos últimos capítulos. Começaremos com alguns conceitos básicos para prepará-lo rapidamente para um conteúdo mais avançado mais tarde.

Configuração do Gráfico

Comecemos pela base e vejamos como é montado um gráfico de preços forex. Uma vez entendido o básico, você achará mais fácil aplicar os conceitos mais avançados à sua análise técnica. Os gráficos de preços de câmbio são construídos sobre dois eixos: o eixo X (eixo horizontal) e o eixo Y (eixo vertical).

O eixo X corre horizontalmente ao longo da parte inferior do gráfico, fornecendo uma linha do tempo para tudo o que aconteceu no gráfico. A ação de preço mais recente é mostrada no lado direito do gráfico.

O eixo Y corre verticalmente ao longo do lado direito do gráfico, fornecendo uma escala de preços para o movimento de preços no gráfico. Os preços mais baixos são mostrados na parte inferior do gráfico e os preços mais altos são mostrados na parte superior do gráfico.

Quando você combina os dois eixos juntos, você pode ver a que preço um par de moedas estava sendo negociado em um determinado momento no passado.

Tipos de Gráficos

Os gráficos de Forex lhe dão a capacidade de analisar o movimento de preços de um par de moedas em vários formatos, desde gráficos de barras até gráficos de candelabros. Você tem a opção de selecionar qual formato é o melhor para você.

A análise técnica é uma habilidade que os comerciantes desenvolvem, e diferentes comerciantes gostam de praticar sua "arte" em diferentes tipos de gráficos. Alguns comerciantes acreditam que podem ver e analisar melhor os níveis de suporte e resistência em um gráfico de linha, enquanto outros comerciantes sentem que obtêm mais informações sobre os movimentos de preços em uma barra ou em um gráfico de candelabro. Os analistas técnicos tendem a trabalhar com os três tipos de gráficos a seguir:

Gráficos de Linha

Os gráficos de linhas são o tipo mais básico de gráfico. Os analistas técnicos frequentemente usam gráficos de linhas para identificar rapidamente os níveis de suporte e resistência. Os gráficos de linhas têm apenas informações básicas traçadas neles, o que significa que não há muitas outras informações que possam turvar sua análise. Você cria um gráfico de linhas traçando o preço de fechamento de cada período de negociação em um gráfico e depois conectando cada preço de fechamento com uma linha. Você pode ver um exemplo de um gráfico de linhas abaixo.

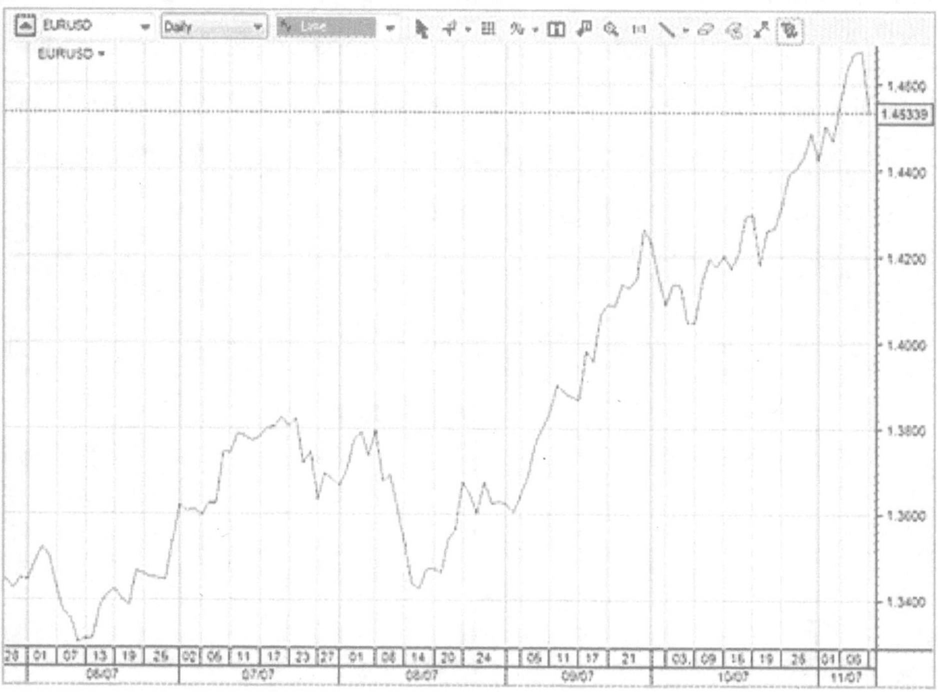

Gráficos de Barra

Os gráficos de barras fornecem mais informações do que um gráfico de linhas. Os comerciantes técnicos frequentemente usam gráficos de barras para obter mais informações sobre como o preço de um par de moedas flutuou durante cada período de negociação. Enquanto os gráficos de linhas traçam apenas o preço de fechamento de cada período de negociação, os gráficos de barras traçam os preços de abertura, alta, baixa e fechamento de cada período.

Você cria um gráfico de barras traçando uma série de barras ao longo do gráfico. Cada barra representa um período de negociação. Para criar uma barra, você traça o preço alto e baixo de um período de negociação e os conecta com uma linha vertical. Em seguida, você plota o preço de abertura para o lado esquerdo da linha vertical que acabou de traçar e conecta esse ponto à linha vertical com uma linha horizontal. Por último, você traça o preço de fechamento para o lado direito da linha vertical que acabou de traçar e conecta esse ponto à linha vertical com uma linha horizontal.

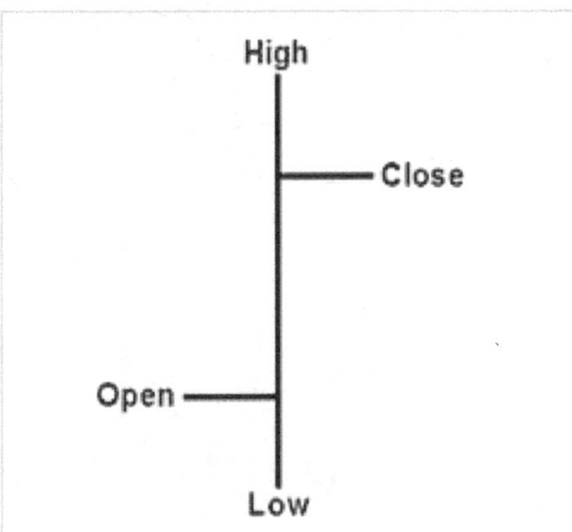

Ver onde um par de moedas começou o período de negociação em comparação com onde terminou o período de negociação pode ajudá-lo a identificar melhor as tendências. Se o preço fechar mais alto do que abriu, você sabe que os investidores estavam em alta sobre o par de moedas durante o período de negociação. Se o preço fechar mais baixo do que abriu, você sabe que os investidores estavam em baixa sobre o par de moedas durante o período de negociação. Você pode ver um exemplo de um gráfico de barras abaixo.

Gráficos de Candelabros

Os gráficos de candelabros fornecem as informações similares aos gráficos de barras, mas em um formato ligeiramente diferente. Os comerciantes técnicos muitas vezes usam gráficos de candelabro em vez de gráficos de barras porque é mais fácil ver e identificar vários padrões comerciais usando os gráficos de candelabro. Na verdade, uma linha completa de análise técnica, a análise de gráficos de candelabro japoneses foi desenvolvida em torno destes gráficos.

Você cria um gráfico de candelabro traçando uma série de candelabros através do gráfico. Cada candelabro representa um período de negociação. Para criar um candelabro, você traça o preço alto e baixo de um período de negociação e os conecta com uma linha vertical. Esta linha é chamada a sombra do candelabro. Em seguida, você traça o preço de abertura desenhando uma linha horizontal através da linha vertical, ou sombra. Depois de ter traçado o preço de abertura, você traça o preço de fechamento traçando outra linha horizontal através da linha vertical. Finalmente, você preenche a área entre o preço de abertura e o preço de fechamento. Esta área é chamada de corpo do candelabro.

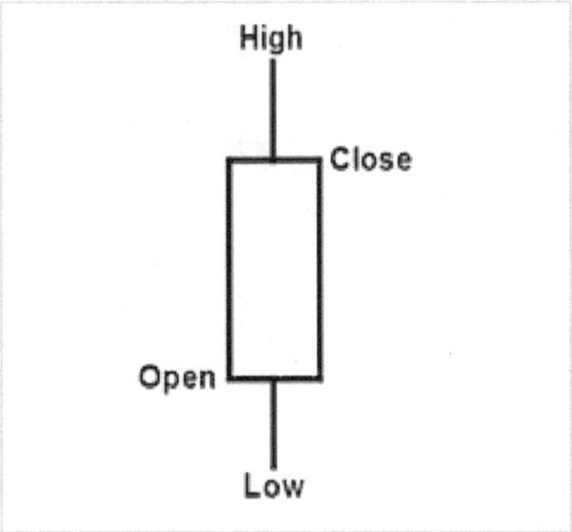

Saber onde um par de moedas começou o período de negociação em comparação com onde terminou o período de negociação pode ajudá-lo a identificar melhor as tendências. Se o preço fechar mais alto do que abriu, você sabe que os investidores estavam em alta sobre o par de moedas durante o período de negociação. Se o preço fechar mais baixo do que abriu, você sabe que os investidores estavam em baixa sobre o par de moedas durante o período de negociação.

Você pode ver um exemplo de um gráfico de candelabro abaixo.

CAPÍTULO 2:
Indicadores Técnicos

Indicadores Técnicos

Os gráficos contam uma história de mercado. Entretanto, de tempos em tempos, esses gráficos podem contar uma história que você não entende e pode precisar de alguma ajuda de um indicador. Os indicadores técnicos são os intérpretes do mercado de câmbio. Eles olham as informações sobre preços e as traduzem em sinais simples e fáceis de entender que podem ajudá-lo a determinar quando comprar ou quando vender um par de moedas.

Os indicadores técnicos são baseados em equações matemáticas que produzem um valor que é então traçado em seu gráfico. Por exemplo, uma média móvel calcula o preço médio de um par de moedas no passado e traça um ponto em seu gráfico. medida que seu gráfico de moedas avança, a média móvel plota novos pontos com base nas informações atualizadas de preço que possui. Finalmente, a média móvel lhe dá uma indicação suave de qual direção o par de moedas está se movendo.

Cada indicador técnico fornece informações únicas. Você descobrirá que, naturalmente, você se voltará para indicadores técnicos específicos com base em seu estilo comercial, mas é importante se familiarizar com vários (não todos) os indicadores técnicos que você tem disponíveis.

Você também deve estar ciente dos pontos fracos associados aos indicadores técnicos: Os indicadores técnicos analisam os dados históricos de preços, portanto, não têm garantia de conhecer nada definido sobre o futuro. Os indicadores técnicos estão divididos nas seguintes categorias: Indicadores de tendência, Indicadores oscilantes, Indicadores de volume.

Indicadores de Tendências

Os indicadores de tendência, como seu nome sugere, identificam e seguem a tendência de um par de moedas. Os negociadores Forex são mais rentáveis quando os pares de moedas têm tendências. Portanto, é crucial que você seja capaz de identificar quando um par de moedas está em tendência e quando está se consolidando. Se você puder entrar em suas negociações logo após o início de uma tendência e sair logo após o término da tendência, você será bastante bem sucedido. Vamos dar uma olhada em alguns indicadores de tendência.

Médias Móveis

As médias móveis são o indicador de tendência mais básico. Elas mostram em que direção um par de moedas está indo e onde podem estar os níveis potenciais de apoio e resistência. As próprias médias móveis podem servir tanto como suporte quanto como resistência. Ao discutirmos as médias móveis, analisaremos os três tópicos a seguir: Como são construídas as médias móveis, sinal comercial médio móvel, forças das médias móveis.

Como Se Constrói uma Média Móvel?

As médias móveis são reunidas ao encontrar o preço médio de fechamento de um par de moedas em um determinado momento e, em seguida, traçar esses pontos em um gráfico. O resultado lhe dá uma linha suave que segue o movimento do preço do par de moedas.

Você pode manipular a média móvel ajustando o período de tempo que o indicador olha para obter o preço médio. As médias móveis que observam menos períodos de tempo para determinar uma média são geralmente mais voláteis. As médias móveis que observam mais períodos de tempo para determinar uma média são menos voláteis.

Sinal de Trade da Média Móvel

As médias móveis fornecem sinais úteis de entrada e saída para os pares de moedas que estão em tendência:

Sinal de entrada - Quando um par de moedas com tendência de subir salta de volta para cima após atingir uma média móvel de tendência de subir, ou quando um par de moedas com tendência de queda pivota de volta de queda após atingir uma média móvel de tendência de queda.

Sinal de saída - Quando você entra numa negociação com um par de moedas com tendência de alta, defina um stop loss abaixo da média móvel. Quando a média móvel subir, mova sua stop loss para cima junto com a média móvel. Se o par de moedas quebrar o suficiente abaixo da média móvel, seu stop loss o levará para fora de sua operação.

Quando você entra em uma negociação com um par de moedas com tendência de queda, defina um stop loss acima da média móvel. medida que a média móvel cai, diminua sua stop loss junto com a média móvel. Se o par de moedas quebrar o suficiente acima da média móvel, seu stop loss fechará sua operação.

Pontos Fortes de uma Média Móvel

As médias móveis apresentam os seguintes pontos fortes: identificam tendências simples e são flexíveis o suficiente para trabalhar tanto a curto como a longo prazo. Ao contrário de alguns indicadores, eles são muito fáceis de entender.

CAPÍTULO 3:
Indicadores Oscilantes

Indicadores Oscilantes

Os indicadores oscilantes são indicadores que se movimentam para frente e para trás à medida que os pares de moedas sobem e descem. Os indicadores oscilantes podem ajudar a determinar o quão forte é a tendência atual de um par de moedas e quando essa tendência corre o risco de perder dinamismo e de se reverter. Quando o indicador oscilante se move muito alto, o par de moedas é considerado sobre-comprado (compra excessiva e não há compradores suficientes no mercado para empurrar o par de moedas para cima). Isto indica que o par de moedas corre o risco de uma reversão ou de um movimento mais baixo.

Quando um indicador oscilante se move muito baixo, o par de moedas é considerado sobre-vendido (venda excessiva e não há vendedores suficientes no mercado para empurrar o par de moedas para baixo). Isto indica que o par de moedas corre o risco de perder a dinâmica e iniciar uma inversão para se mover mais alto. Vamos dar uma olhada no seguinte indicador oscilante:

Divergência da Convergência da Média Móvel (MACD)

A divergência de convergência da média móvel (MACD) é um indicador oscilante que pode mostrar quando uma dinâmica comercial muda de alta para baixa e de baixa para alta. O MACD também pode revelar a você quando os comerciantes estão se esgotando, o que geralmente resulta em uma inversão de tendência para o par de moedas. O MACD é normalmente traçado abaixo dos movimentos de preços em um gráfico. Para saber mais sobre o MACD, veremos os seguintes tópicos: Construção do MACD, sinal de negociação MACD, pontos fortes do MACD.

Construindo a MACD

A divergência de convergência da média móvel é construída com base em uma série de médias móveis e como elas se relacionam umas com as outras. O MACD padrão analisa a relação entre um par de moedas de 12 períodos e uma média móvel exponencial de 26 períodos. Especificamente, o MACD examina a distância entre estas duas médias móveis. Se a média móvel de 12 períodos estiver acima da média móvel de 26 períodos, a linha MACD será positiva. Se a média móvel de 12 períodos estiver abaixo da média móvel de 26 períodos, a linha MACD será negativa.

A linha MACD é acompanhada por uma linha de gatilho. Esta linha é uma média móvel exponencial de 9 períodos da linha MACD.

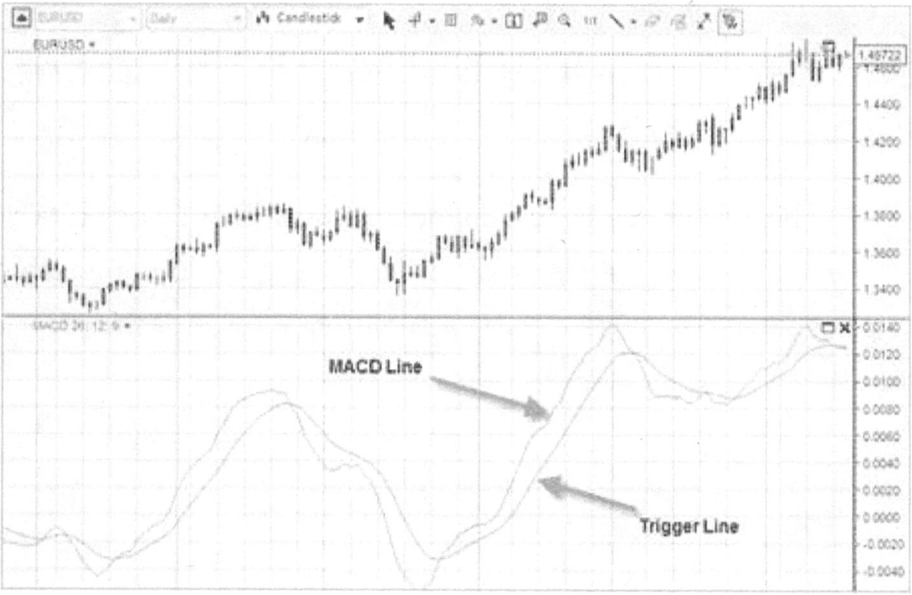

Sinal de Trade de MACD

A divergência de convergência da média móvel (MACD) dá sinais comerciais ao cruzar para frente e para trás, acima e abaixo da linha de gatilho.

Sinal de entrada - quando a MACD cruza acima da linha de gatilho, você pode comprar o par de moedas sabendo que o momento mudou de baixa para alta. Quando a MACD cruza abaixo da linha de gatilho, você pode vender o par sabendo que a dinâmica passou de alta para baixa.

Sinal de saída - quando a MACD cruzar de volta abaixo da linha de gatilho depois de comprar o par de moedas, você pode vender o par de moedas de volta sabendo que a dinâmica voltou a ser de baixa. Quando a MACD cruzar de volta acima da linha de gatilho depois de ter vendido o par de moedas, você pode comprar o par de volta sabendo que a dinâmica mudou de volta para ser alta.

Pontos Fortes da Divergência de Convergência da Média Móvel (MACD)

A divergência de convergência da média móvel (MACD) desfruta dos seguintes pontos fortes: Ela ajuda a identificar quando o impulso de um par de moedas muda e ajuda a confirmar a força das tendências atuais.

Indicadores de Volume

As moedas são negociadas no mercado interbancário e não em uma bolsa central, portanto, não há dados de volume para transações de moedas. Sem dados de volume não se pode construir indicadores de volume. Portanto, não utilizamos indicadores de volume no comércio de divisas. Você pode aprender mais sobre os indicadores de volume ao diversificar suas negociações em ações e futuros.

Padrões Comerciais Regionais

América do Norte

Os fundamentos se misturam muito bem com uma combinação de indicadores tais como RSI, MA e MACD.

Sul da Europa

Em todos os diferentes mercados e instrumentos, os MAs são usados em grande parte para identificar tendências, enquanto os osciladores RSI e estocásticos são usados para momentum e movimentos laterais no mercado.

Leste da Europa

A maioria usa MACD para tendências de FX e bandas de Bollinger para movimentos laterais.

Norte da Europa

Muitos nórdicos negociam ações e as contrapartes do CFD. Usando o volume de negociação de ações, os movimentos de preços podem muitas vezes ser previstos através da análise do momentum antes que os preços mudem.

CAPÍTULO 4:

Análise Fibonacci

Análise Técnica: Fibonacci

A análise Fibonacci é conhecida por ajudar a identificar o apoio potencial e os níveis de resistência no futuro com base nas tendências e reversões de preços do passado. A análise Fibonacci é baseada nas descobertas matemáticas de Leonardo Pisano, também conhecido como Fibonacci. A ele é creditada a descoberta de uma sequência de números que agora leva seu nome, a sequência de Fibonacci. A sequência de Fibonacci é uma série de números que progride da seguinte forma: 0, 1, 1, 2, 3, 5, 8, 13, 21, 34, 55... Para chegar a cada número subsequente na sequência, basta adicionar os dois números anteriores na sequência. Por exemplo, para encontrar o número que segue 55 na sequência, você acrescenta 55 + 34 (os dois números precedentes na sequência). A soma de 55 + 34 é 89. Este é o próximo número na sequência.

O que agarrou Fibonacci sobre esta sequência não foram os números em si, mas as relações entre os números, ou as relações criadas por vários números na sequência. Talvez a proporção mais importante seja 1,618 também conhecida como a proporção dourada. Este número pode ser encontrado em toda a natureza e em toda a sequência de Fibonacci. Cada número na sequência de Fibonacci é 1.618 vezes maior do que o número anterior. Por exemplo, 89 é 1.618 vezes maior que 55 (89 / 55 = 1.618).

A proporção de ouro e as outras proporções que existem dentro da sequência de Fibonacci representam o fluxo e refluxo natural da vida. Elas também são aplicáveis ao fluxo natural do mercado forex. Neste capítulo, você aprenderá como os rácios Fibonacci podem ser aplicados ao forex usando as seguintes ferramentas de análise: Fibonacci Retracements, Projeções Fibonacci, Fibonacci Fans.

Fibonacci Retracements

Quando um par de moedas gira ou inverte a tendência, os comerciantes forex naturalmente querem saber até onde o par é mais provável que se mova em sua nova direção. Os níveis de retração Fibonacci podem ajudar. Certos índices Fibonacci são úteis quando se tenta determinar até que ponto um par de moedas vai se retrair contra uma tendência anterior. As proporções que você usará em suas negociações forex o ajudarão a encontrar os seguintes níveis de retracement:

61.8 porcento	Este nível é encontrado dividindo um número na sequência Fibonacci pelo número que o segue na sequência (55 / 89 = 61,8%).
38.2 porcento	Este nível é encontrado dividindo um número na sequência Fibonacci pelo segundo número que o segue na sequência (34 / 89 = 38,2%).
23.6 porcento	Este nível é encontrado dividindo um número na sequência de Fibonacci pelo terceiro número seguinte na sequência (21 / 89 = 23,6%).

Você também utilizará três outros níveis em sua análise de retracement. Embora os seguintes níveis não sejam calculados usando números dentro da sequência de Fibonacci, eles são baseados nos níveis de Fibonacci acima:

50 porcento	Este nível é determinado por encontrar o meio entre 61,8% e 38,2% ((61,8% + 38,2%) / 2 = 50%).
76.4 porcento	Este nível é determinado encontrando a distância de 38,2% e 23,6% (38,2% - 23,6% = 14,6%) e somando-o a 61,8% (61,8% + 14,6% = 76,4%).
100 porcento	Este nível é determinado simplesmente por descobrir onde a tendência anterior começou.

A determinação de todos os seis níveis de retracement Fibonacci fornece a você suporte potencial e níveis de resistência que você pode usar em suas negociações forex. Você pode ver estes níveis Fibonacci no gráfico diário GBP/USD abaixo. Cada um dos níveis ilustrados foi calculado com base na tendência destacada pela seta vermelha. Você poderia ter usado cada nível para ajudá-lo a determinar quando entrar e sair de suas negociações, já que o par de moedas começou a girar e se mover para baixo.

Observe como o preço do par de moedas se deslocou para frente e para trás, saltando desses níveis de apoio e resistência por meses até finalmente romper acima da alta estabelecida pela tendência anterior (também conhecida como o nível zero por cento) no final de outubro.

Projeções Fibonacci

As tendências raramente vão diretamente para cima ou diretamente para baixo. No início, as tendências se movem em uma direção, depois recuam e vão na direção oposta por um tempo e depois se invertem e retomam o movimento na direção anterior. Este é o fluxo e refluxo natural de uma tendência.

Quando um par de moedas retoma sua tendência anterior, os comerciantes forex naturalmente querem saber até onde o par é mais provável que continue a se mover. Os níveis de projeção Fibonacci podem ajudar. Certos índices Fibonacci são úteis quando se tenta determinar até onde um par de moedas vai se mover uma vez que ele retome sua tendência anterior. As proporções que você estará usando em suas negociações o ajudarão a encontrar os seguintes níveis de projeção:

161.8 porcento	Este nível é encontrado dividindo um número na sequência Fibonacci pelo número imediatamente anterior na sequência (89 / 55 = 161,8%).
261.8 porcento	Este nível é encontrado dividindo um número na sequência de Fibonacci pelo segundo número que o precede na sequência (89 / 34 = 261,8%).
423.8 porcento	Este nível é encontrado dividindo um número na sequência de Fibonacci pelo terceiro número que o precede na sequência (89 / 21 = 423,8%).

A determinação dos três níveis de projeção Fibonacci fornece a você suporte potencial e níveis de resistência que você pode usar em suas negociações forex.

Você pode ver estes níveis Fibonacci no gráfico diário GBP/USD. Cada um dos níveis ilustrados foi calculado com base na tendência destacada pela seta vermelha. Agora que o GBP/USD retomou sua tendência ascendente, você pode usar cada nível para ajudá-lo a determinar onde estabelecer suas metas de lucro (níveis de saída) ao comprar este par de moedas.

Observe que o par de moedas, com base na tendência anterior, tem o potencial de subir para o nível de projeção de 161,8% no futuro próximo. Se atingir este nível, você poderia definir o nível de projeção de 261,8% como seu próximo nível de meta de lucro.

Fibonacci Fans

Os níveis de Fibonacci fornecem níveis diagonais de suporte e resistência, bem como níveis horizontais de suporte e resistência. Os níveis diagonais de suporte e resistência são chamados de Fibonacci fans. Os Fibonacci fans são baseados em três níveis de retração Fibonacci 61,8%, 50% e 38,2%. Para construir um Fibonacci fans, você tem que fazer o seguinte:

1. Identificar uma tendência

2. Identificar os três níveis horizontais de Fibonacci (61,8%, 50% e 38,2%), pois eles se relacionam com essa tendência

3. Traçar uma linha vertical que atravesse estes níveis no ponto em que a tendência terminou

4. Desenhe três linhas, cada uma começando onde a tendência começou e atravessando um ponto separado onde a linha vertical intercepta um dos níveis de Fibonacci

Agora que você tem seus Fibonacci fans desenhados, você pode usá-los para projetar potenciais níveis de suporte e resistência que você pode usar em suas negociações forex.

Você pode ver um Fibonacci fans no gráfico diário GBP/USD abaixo. Cada um dos níveis ilustrados foi calculado com base na tendência destacada pela seta vermelha. Você poderia ter usado os raios da fan para ajudá-lo a determinar quando entrar e sair de suas negociações, já que o par de moedas começou a girar e se mover para baixo.

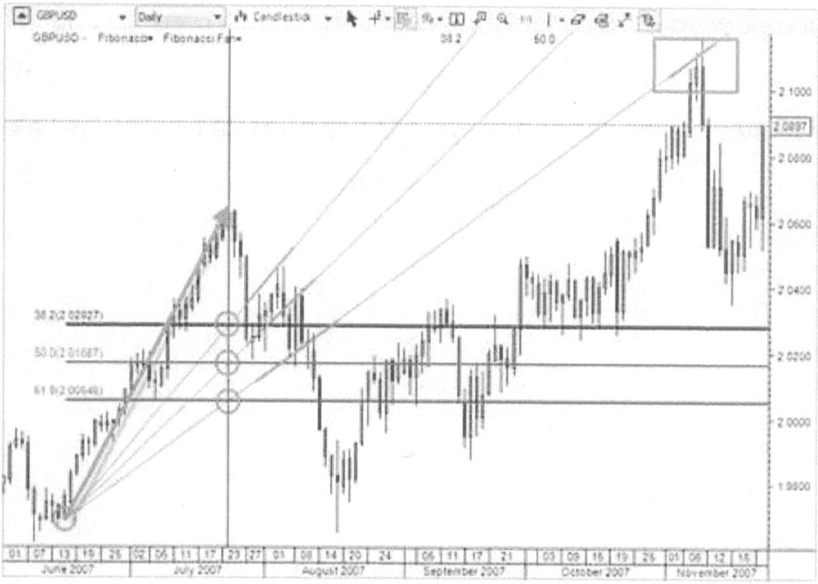

Observe como o preço do par de moedas saltou do raio médio do Fibonacci fan por um tempo no início de agosto antes de romper aquele nível e começou a saltar do raio inferior do fan por alguns dias. Também é interessante ver que os níveis criados pelo Fibonacci fan continuam a ser um fator muito importante no futuro. Você pode ver como o GBP/USD saltou para baixo depois de atingir o raio inferior do fan quatro meses mais tarde, em novembro.

Material Regional: Fibonacci nos EUA e Europa

No Leste Europeu, Fibonacci é uma ferramenta popular para a análise de tendências para os principais pares forex, no entanto, muitos comerciantes americanos a utilizam para encontrar apoio e resistência, e para negociar break-outs.

No sul da Europa, Fibonacci é um indicador muito comum na caixa de ferramentas dos negociadores experientes. Uma quantidade considerável de comerciantes usa Fibonacci para analisar break-outs. Em geral, Fibonacci é usado principalmente para identificar os níveis de apoio e resistência em forex.

CAPÍTULO 5:
Padrões de Preços

Análise Técnica: Padrões de Preços

Os traders votam com seu dinheiro. Se eles acreditam que um par de moedas vai subir, eles vão comprá-lo. Se eles acreditarem que um par de moedas vai descer, eles o venderão. Quando o dinheiro está em jogo, os comerciantes farão o que for preciso para serem lucrativos. Muitas vezes, as ações desses comerciantes formam padrões de preços no gráfico.

Os padrões de preços são formações de gráficos que fornecem uma visão do que os comerciantes forex estão pensando a vários níveis de preços. Aprender a reconhecer vários padrões de preços lhe dá uma vantagem sobre os comerciantes que estão utilizando apenas os fundamentos ou indicadores técnicos. Imagine ter a capacidade de identificar com precisão os pontos de entrada da negociação à medida que um par de moedas se desdobra e a capacidade de projetar com precisão até onde um par de moedas se moverá uma vez que se desdobre e comece a se mover. Os padrões de preços o ajudam com isso. Os padrões de preços estão divididos nas duas categorias a seguir: Padrões de Continuação, Padrões de Inversão.

Padrões de Continuação

Os negociantes Forex frequentemente se perguntam: "por quanto tempo esta tendência continuará?". Decidir se entrar em uma nova operação no meio de uma tendência ou se sair da operação em que você se encontra e fixar seus lucros é difícil. Você nunca pode saber se um par de moedas vai reverter e começar a se mover na direção oposta ou você pode? Os padrões de continuidade fornecem um aviso antecipado quando um par de moedas é provável que continue sua tendência após um breve período de consolidação e até onde o par de moedas é provável que se movimente nessa direção. Obviamente, os padrões de continuação não são perfeitos, mas eles aumentam as chances de seu sucesso. Analisaremos alguns dos conhecidos padrões de continuação de preços.

Pennants

Os pennant são padrões de continuação que se formam à medida que o preço de um par de moedas se move para uma faixa de consolidação mais estreita e apertada. Os pennants podem ser em alta ou em baixa, dependendo da tendência anterior ao início da formação de pennants. Se um par de moedas estava em uma tendência de alta antes do pennants começar a se formar, é um padrão de continuação em alta. Se um par de moedas estava em uma tendência de baixa antes do pennant começar a se formar, é um padrão de continuação em baixa. Os pennants geralmente se formam em períodos de tempo mais curtos. Todos os pennants têm as seguintes características:

Nível de resistência (A) - nível de resistência de baixa tendência que está convergindo com o nível de suporte.

Nível de suporte (B) - nível de suporte em alta tendência que está convergindo com o nível de resistência.

Flagpole (C) - a tendência que precede a formação do pennant. O flagpole percorre a distância desde o início da tendência até o ponto mais alto do pennant (pennant em alta), ou o flagpole percorre a distância desde o início da tendência até o ponto mais baixo do pennant (pennant em baixa).

Ponto de quebra (D) - o ponto no qual o par de moedas quebra acima do nível de resistência de tendência de queda (pennant em alta), ou o ponto no qual o par de moedas quebra abaixo do nível de suporte de tendência de subir (pennant em baixa).

Projeção de preço (E) - o preço ao qual o par de moedas provavelmente cairá depois de ter saído da formação de pennants (pennant em baixa), ou o preço ao qual o par de moedas provavelmente subirá depois de ter saído da formação de pennants (pennant em alta). A distância que o par de moedas é projetado para se mover é igual à altura do flagpole.

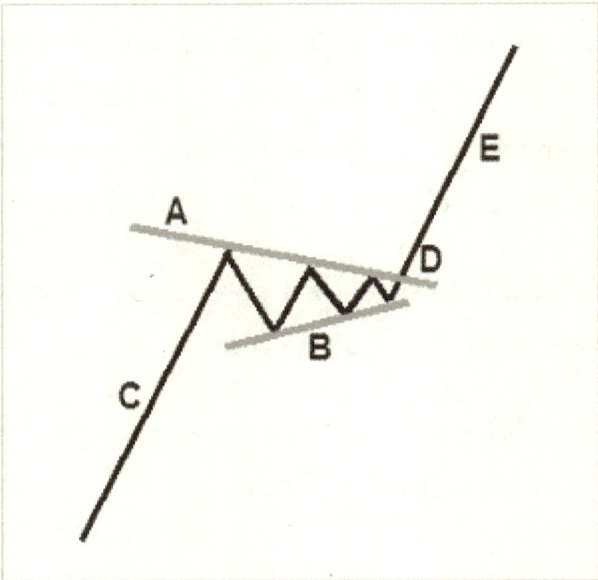

Bandeira

As bandeiras são padrões de continuação que se formam à medida que o preço de um par de moedas se afasta da tendência predominante em um canal paralelo. As bandeiras podem ser em alta ou em baixa, dependendo de qual era a tendência antes de a bandeira começar a se formar. Se um par de moedas estava em alta antes de a bandeira começar a se formar, é um padrão de continuação em alta. Se um par de moedas estava em baixa antes de a bandeira começar a se formar, é um padrão de continuação em baixa. As bandeiras geralmente se formam em períodos de tempo mais curtos. Todas as bandeiras têm as cinco características a seguir:

Nível de resistência (A) - nível de resistência com tendência de queda que é paralelo com o nível de apoio (bandeira em alta), ou um nível de resistência com tendência de subir que é paralelo com o nível de suporte (bandeira em baixa).

Nível de suporte (B) - nível de suporte com tendência de queda que é paralelo com o nível de resistência (bandeira em alta), ou um nível de suporte com tendência de subir cima que é paralelo com o nível de resistência (bandeira em baixa).

Flagpole (C) - a tendência que precede a formação da bandeira. O flagpole percorre a distância desde o início da tendência até o ponto mais alto da bandeira (bandeira em alta), ou o flagpole percorre a distância desde o início da tendência até o ponto mais baixo da bandeira (bandeira em baixa).

Ponto de quebra (D) - o ponto no qual o par de moedas quebra acima do nível de resistência de tendência de queda (bandeira em alta), ou o ponto no qual o par de moedas quebra abaixo do nível de suporte de tendência de subir (bandeira em baixa).

Projeção de preço (E) - o preço ao qual o par de moedas provavelmente cairá depois de ter rompido a formação da bandeira (bandeira de baixa), ou o preço ao qual o par de moedas provavelmente subirá depois de ter rompido a formação da bandeira (bandeira de alta). A distância que o par de moedas é projetado para se mover é igual à altura do flagpole.

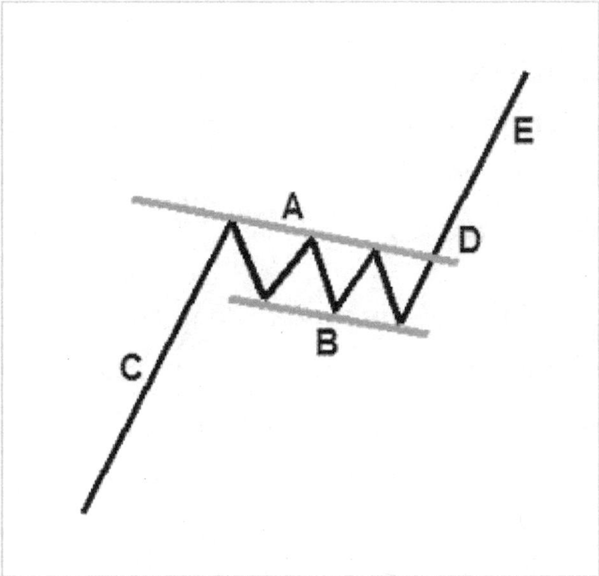

Triângulos

Os triângulos são padrões de continuação que se formam à medida que o preço de um par de moedas atinge um nível plano de suporte ou resistência e começa a se mover para uma faixa de consolidação cada vez mais apertada. Os triângulos podem ser em alta ou em baixa, dependendo de qual era a tendência antes de a cunha começar a se formar. Se um par de moedas estava em uma tendência de alta antes de o triângulo começar a se formar, é um padrão de continuação de alta. Se um par de moedas estava em uma tendência de baixa antes do triângulo começar a se formar, é um padrão de continuação em baixa. Os triângulos geralmente se formam em períodos de tempo mais longos.

Todos os triângulos têm as seguintes características:

Nível de resistência (A) - nível de resistência horizontal (triângulo ascendente ou ascendente), ou um nível de resistência descendente que está convergindo com o nível de suporte (triângulo descendente).

Nível de suporte (B) - nível de suporte de tendência ascendente que está convergindo com o nível de resistência (triângulo em alta ou ascendente), ou um nível de suporte horizontal (triângulo em baixa ou descendente).

Flagpole (C) - a tendência que precede a formação do triângulo. O flagpole percorre a distância desde o início da tendência até o ponto mais alto do triângulo (triângulo em alta ou ascendente), ou o flagpole percorre a distância desde o início da tendência até o ponto mais baixo do triângulo (triângulo em baixa ou descendente).

Ponto de quebra (D) - o ponto no qual o par de moedas quebra acima do nível horizontal de resistência (alta, ou triângulo ascendente), ou o ponto no qual o par de moedas quebra abaixo do nível horizontal de suporte (baixa, ou triângulo descendente).

Projeção de preço (E) - o preço ao qual o par de moedas provavelmente cairá depois de ter saído da formação triangular (triângulo em baixa ou descendente), ou o preço ao qual o par de moedas provavelmente subirá depois de ter saído da formação triangular (triângulo em alta ou ascendente). A distância que o par de moedas é projetado para se mover é igual à altura do flagpole.

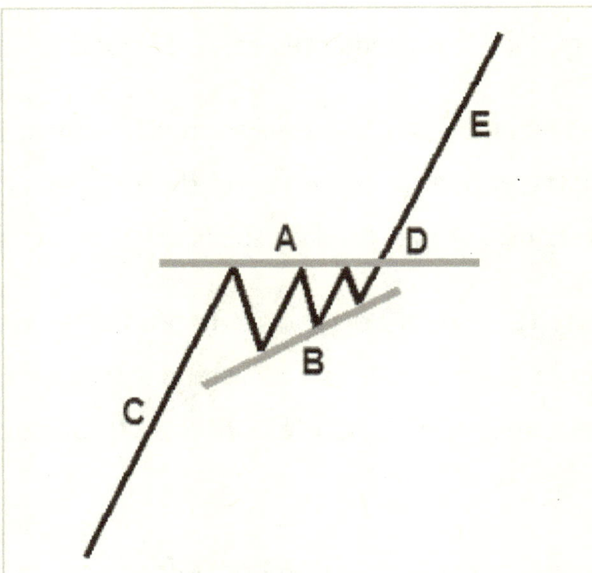

Padrões de Inversão

Como já abordamos, os comerciantes forex frequentemente se perguntam: "por quanto tempo a tendência continuará?". Decidir se uma tendência acabou e se é hora de negociar contra a tendência anterior é difícil. Nunca se sabe 100% se um par de moedas vai reverter e se vai se mover na direção oposta. Os padrões de reversão dão a você uma dica antecipada de quando um par de moedas provavelmente vai dar a volta e começar uma nova tendência e até onde o par de moedas provavelmente vai se mover na direção oposta. Vamos rever os seguintes padrões de reversão de preços:

Duplo Tops e Bottoms

Duplo tops e bottoms são padrões de reversão que se formam à medida que o preço de um par de moedas atinge um nível de suporte ou resistência duas vezes antes que o par inverta e se mova na direção oposta. Os duplos topos são padrões de reversão em baixa e os duplos fundos são padrões de reversão em alta. Se um par de moedas estiver em uma tendência de alta, ele formará uma dupla parte superior. Se um par de moedas estiver em uma tendência de baixa, ele formará um fundo duplo. Os tops e fundos duplos geralmente se formam em períodos de tempo mais longos. A dupla parte superior e inferior tem as seguintes características:

Nível de resistência (A) - nível horizontal de resistência.

Nível de suporte (B) - nível horizontal de suporte.

Ponto de quebra (C) - o ponto no qual o par de moedas quebra acima do nível horizontal de resistência (duplo fundo), ou o ponto no qual o par de moedas quebra abaixo do nível horizontal de suporte (duplo topo).

Projeção de preço (D) - o preço para o qual o par de moedas provavelmente cairá depois de ter saído da formação de duplo fundo, ou o preço para o qual o par de moedas provavelmente subirá depois de ter saído da formação de duplo fundo.

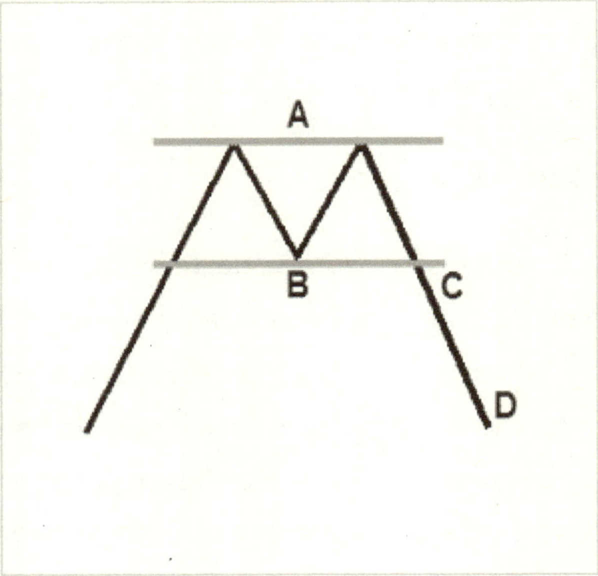

Triplo Tops e Bottoms

Triple tops e bottoms são padrões de reversão que se formam à medida que o preço de um par de moedas atinge um nível de suporte ou resistência três vezes antes que o par de moedas se vire e se mova na direção oposta. Os triplos tops são padrões de reversão em baixa e os triplos bottoms são padrões de reversão em alta. Se um par de moedas estiver em uma tendência de alta, ele formará um triplo topo. Se um par de moedas estiver em uma tendência de baixa, ele formará um triplo fundo. As triplas partes superiores e inferiores normalmente se formam em períodos de tempo mais longos.

As triplas partes superiores e inferiores têm todas as seguintes características:

Nível de resistência (A) - nível de resistência horizontal, ou ligeiramente inclinado.

Nível de suporte (B) - nível de apoio horizontal, ou ligeiramente inclinado.

Ponto de quebra (C) - o ponto no qual o par de moedas quebra acima do nível horizontal de resistência (triplo inferior), ou o ponto no qual o par de moedas quebra abaixo do nível horizontal de suporte (triplo superior).

Projeção de preço (D) - o preço para o qual o par de moedas provavelmente cairá depois de ter saído da formação do tríplice topo, ou o preço para o qual o par de moedas provavelmente subirá depois de ter saído da formação do tríplice fundo.

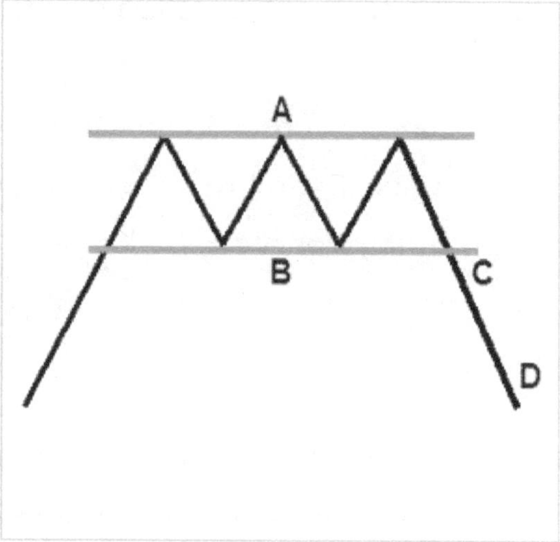

Ombro-Cabeça-Ombro Tops/Bottoms

Ombro-Cabeça-Ombro são padrões de reversão que se formam conforme o preço de um par de moedas atinge um nível de resistência (formando o primeiro ombro), depois quebra o primeiro nível de resistência e atinge um nível de resistência mais alto (formando a cabeça) e depois atinge o primeiro nível de resistência novamente (formando o segundo ombro).

Ombro-Cabeça-Ombro inferiores são padrões de reversão que se formam como o preço de um par de moedas atinge um nível de suporte (formando o primeiro ombro), depois quebra através do primeiro nível de suporte e atinge um nível de suporte inferior (formando a cabeça) e depois atinge o primeiro nível de suporte novamente (formando o segundo ombro).

Os Ombro-Cabeça-Ombro superiores são padrões de reversão em baixa e o Ombro-Cabeça-Ombro são padrões de reversão em alta. Se um par de moedas estiver em uma tendência de alta, ele formará um Ombro-Cabeça-Ombro superior. Se um par de moedas estiver em uma tendência de baixa, ele formará um Ombro-Cabeça-Ombro inferior. Os Ombro-Cabeça-Ombro superiores ou inferiores geralmente se formam durante longos períodos de tempo. Os Ombro-Cabeça-Ombro superiores ou inferiores têm todas as cinco características a seguir:

Ombro esquerdo (A) - horizontal, nível de resistência (cabeça e ombros superiores), ou um nível de apoio horizontal, ou ligeiramente inclinado (cabeça e ombros inferiores).

Cabeça (B) - maior nível horizontal de resistência (cabeça e ombros superiores), ou um nível horizontal inferior, ou ligeiramente inclinado, de suporte (cabeça e ombros inferiores).

Ombro direito (C) - horizontal, ou ligeiramente inclinado, nível de resistência que esteja em linha com o ombro esquerdo (cabeça e ombros superiores), ou um nível de apoio horizontal que esteja em linha com o ombro esquerdo (cabeça e ombros inferiores).

Linha do pescoço (D) - horizontal, ou ligeiramente inclinado, nível de apoio (cabeça e ombros superiores), ou um nível de resistência horizontal, ou ligeiramente inclinado, nível de resistência (cabeça e ombros inferiores).

Ponto de quebra (E) - o ponto em que o par de moedas quebra acima do decote (cabeça e ombros em baixo), ou o ponto em que o par de moedas quebra abaixo do decote (cabeça e ombros em cima).

Projeção de preço (F) - o preço ao qual o par de moedas provavelmente cairá depois de ter saído da formação de cabeça e ombros superiores, ou o preço ao qual o par de moedas provavelmente subirá depois de ter saído da formação de cabeça e ombros inferiores. A distância que o par de moedas é projetado para se mover é igual à distância entre a cabeça e a linha do pescoço.

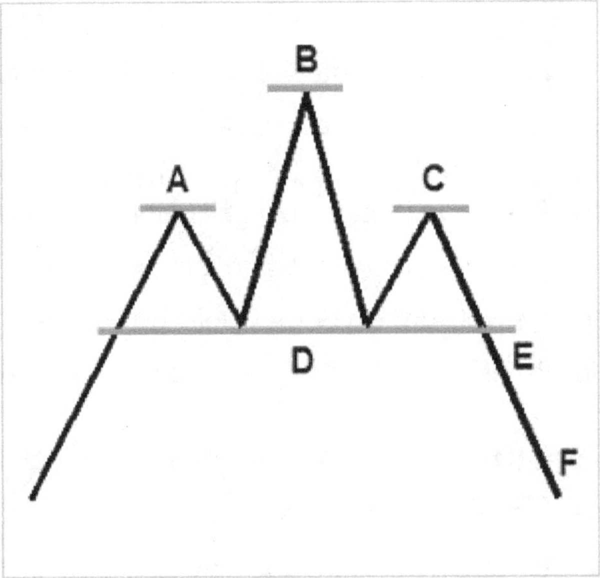
B
A
C
D
E
F

CAPÍTULO 6:
Utilização de Múltiplos Quadros de Tempo

Negociando Utilizando Múltiplos Quadros de Tempo

Comerciantes de praticamente todo tamanho de conta e tolerância ao risco negociam no mercado forex. A qualquer momento, os negociadores de escalas de curto prazo e de análise fundamental de longo prazo estão olhando para os mesmos pares de moedas e estão tentando descobrir como colocar ou ajustar suas negociações. Entretanto, enquanto eles podem estar olhando para os mesmos pares de moedas, eles não estão olhando para os mesmos intervalos de tempo do gráfico. Os comerciantes de curto prazo estão mais provavelmente olhando para gráficos de 5 minutos a 15 minutos, enquanto os comerciantes de longo prazo estão mais provavelmente olhando para gráficos diários a mensais.

As tendências, linhas de suporte e resistência, e indicadores técnicos parecem muito diferentes em um gráfico de 1 minuto do que em um gráfico diário. Por exemplo, você pode olhar para um gráfico de 1 minuto do EUR/USD e ver que o par parece estar em uma tendência de baixa. Se você ajustar seu gráfico para uma configuração diária, você pode ver que o par de moedas tem estado em uma tendência de alta por semanas. Então, qual gráfico está correto? O EUR/USD está em uma tendência de alta ou de baixa?.... depende de seu tempo de negociação.

Comerciantes Forex negociam com um viés em direção à tendência de longo prazo. Teve um tempo mais longo para se estabelecer, e será necessária uma grande ruptura para mudar sua direção. Obviamente, se você vir os fundamentos mudando para uma moeda ou um anúncio de notícia afetando uma moeda, você pode negociar contra a tendência de longo prazo se você usar uma boa gestão de risco. Você deve estar sempre atento às tendências e aos níveis de apoio e resistência em vários períodos de tempo. Isto lhe permite identificar o quão fortes são as várias tendências. O uso de múltiplos períodos de tempo em seus gráficos o ajuda a afinar sua análise técnica.

Você deve analisar os três gráficos a seguir em sua análise técnica: Gráfico de Tendências (longo prazo), Gráfico de Sinais, Gráfico de Tempos (curto prazo). Depois de analisar cada período de tempo, você pode combiná-los para confirmar uma configuração de alta probabilidade.

Gráfico de Tendências

O gráfico de tendências ajuda a identificar a principal tendência que você deve buscar para negociar. Se o par de moedas no gráfico de tendência está tendo uma tendência ascendente, você deve estar procurando comprar o par. Se o par de moedas no gráfico de tendência estiver com tendência de queda, você deve estar procurando vendê-lo. Para identificar o período de tempo que você deve usar para seu gráfico de tendência, primeiro você precisa identificar o período de tempo que você normalmente usa em seus gráficos de negociação (sinal). Uma vez identificado o período de tempo de seu gráfico de tendência, você deve subir um período de tempo para encontrar o período de tempo que você deve usar em seu gráfico de tendência. A seguir, há uma lista de quadros de tempo comuns de quadros de sinais que você pode usar para identificar o período de tempo apropriado para seu gráfico de tendência:

1-minuto gráfico de sinal	=	15 a 30-minutos gráfico de tendência
5-minutos gráfico de sinal	=	1-hora gráfico de tendência
15 a 30-minutos gráfico de sinal	=	4-horas gráfico de tendência
1-hora gráfico de sinal	=	1-dia gráfico de tendência
1-dia gráfico de sinal	=	1-semana gráfico de tendência
1-semana gráfico de sinal	=	1-mês gráfico de tendência

Por exemplo, se você normalmente negocia o EUR/USD olhando para um gráfico de 1 hora, você deve usar um gráfico de 1 dia para seu gráfico de tendência. Se você tipicamente negocia o EUR/USD olhando para um gráfico de 15 minutos, você deve usar um gráfico de 4 horas para seu gráfico de tendência.

Uma vez identificado o período de tempo que você deve usar para seu gráfico de tendência, tudo o que você precisa fazer é determinar qual é a tendência predominante no gráfico. Você pode usar suporte diagonal e níveis de resistência ou médias móveis para identificar a tendência. Você pode ver em nosso EUR/USD semanal que tanto o nível de apoio diagonal quanto a média móvel indicam que este par de moedas está em uma tendência de alta.

Se houver uma tendência de alta em seu gráfico de tendências, você deve estar procurando sinais de compra em seu gráfico de sinais. Se houver uma tendência de queda em seu gráfico de tendência, você deve estar atento para sinais de venda em seu gráfico de sinais. Uma vez identificada a tendência, agora você precisa identificar sinais comerciais lucrativos.

Gráfico de Sinais

A carta de sinais é sua carta mais importante. Ele fornece os sinais comerciais que lhe dizem quando procurar oportunidades de compra e venda com base no sistema comercial que você utiliza. Por exemplo, se você normalmente usa o índice de canal de mercadorias (CCI) para ajudá-lo a identificar sinais comerciais, você usará o gráfico de sinais aqui. Você não usará o indicador no gráfico de tendência.

O uso de um gráfico de sinais junto com um gráfico de tendências permite identificar com mais precisão sinais comerciais lucrativos potenciais. Por exemplo, se seu gráfico de tendência mostra que o par de moedas está em uma tendência de alta, você deve procurar apenas sinais de compra em seu gráfico de sinais. A melhor maneira de tirar proveito de uma tendência de alta de longo prazo é comprar o par de moedas. Se seu gráfico de tendência mostra que o par de moedas está em uma tendência de baixa, você só deve procurar por sinais de venda em seu gráfico de sinais. A melhor maneira de tirar vantagem de uma tendência de baixa a longo prazo é vender o par de moedas.

O gráfico de tendência permite que você ignore os sinais de negociação menos lucrativos que você vê em seu gráfico de sinais. Como estes sinais de negociação estão indo contra a tendência de longo prazo, é mais provável que não sejam rentáveis. Agora que você identificou seus sinais de negociação, você precisa determinar exatamente quando entrar e sair de suas negociações usando seu gráfico de tempo.

Gráfico de Timing

O gráfico de timing ajuda a determinar exatamente quando você deve entrar e sair de uma profissão. Cada pip conta quando você é um negociador forex, portanto, quanto mais preciso você estiver com seus pontos de entrada e saída, mais lucros você ganha por sua conta. O seguinte é uma lista de quadros de tempo de gráficos de sinais comuns que você pode usar para identificar o melhor período de tempo para seu gráfico de tempo:

1-minuto gráfico de sinais	=	Tick de gráfico de timing
5-minutos gráfico de sinais	=	1-minuto gráfico de timing
15 a 30-minutográfico de sinais	=	5-minutos gráfico de timing
1-hora gráfico de sinais	=	15-minutos gráfico de timing
1-dia gráfico de sinais	=	1-hora gráfico de timing
1-semana gráfico de sinais	=	1-dia gráfico de timing
1-mês gráfico de sinais	=	1-semana gráfico de timing

Você pode usar um dos dois métodos a seguir ao identificar seus sinais de entrada e saída em seus gráficos de timing:

1. Identifique a tendência e os níveis de apoio e resistência

2. Use o mesmo indicador técnico que você usa para gerar seus sinais comerciais

Identifique a tendência mais suporte e resistência se você vir um sinal de compra em seu gráfico de sinal, você quer ver o par de moedas em uma tendência de alta no gráfico de tempo. Você também precisa ver que o preço do par está mais próximo do suporte do que da resistência. Isto lhe diz que ele tem espaço para se mover mais alto antes de atingir a resistência. É claro que, se ele acabou de quebrar através da resistência, ele pode continuar a se mover mais alto.

Se você usar um indicador técnico como o índice de canal de mercadorias (CCI), em seu gráfico de sinais para gerar sinais de compra e venda, você também pode usar esse mesmo indicador em seu gráfico de tempo para ajudá-lo a identificar quando entrar ou sair de sua negociação. Por exemplo, se você usou o CCI em sua tabela de sinais e ele lhe deu um sinal de compra, você adicionaria o CCI à sua tabela de tempo e se certificaria de que ele estava dando um sinal de compra também na tabela de tempo. Se a CCI não estiver dando um sinal de compra na tabela de tempo, você deve esperar até que ela dê um sinal de compra na tabela de tempo antes de entrar na profissão.

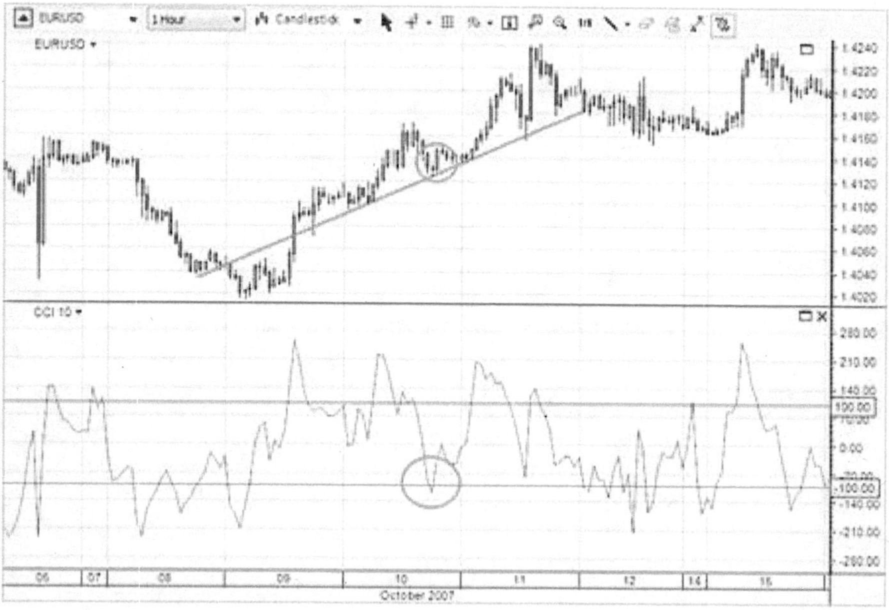
EURUSD
1 Hour
Candlestick
CCI 10
October 2007

CAPÍTULO 7:
Configuração do Trade de Alta Probabilidade

Configuração do Trade de Alta Probabilidade

Vamos dar uma olhada no que é uma configuração de trade de alta probabilidade usando a abordagem comercial de múltiplos períodos de tempo. Vamos analisar um exemplo do EUR/USD usando um gráfico semanal como o gráfico de tendência, um gráfico diário como o gráfico de sinal e um gráfico de 1 hora como o gráfico de tempo.

Primeiro, você verifica seu gráfico de tendência para ver em que direção a moeda está tendo tendência. Como você pode ver no gráfico semanal do EUR/USD, o par de moedas tem estado em uma tendência de alta por um bom período de tempo. Seria insensato combater esta tendência e tentar vender o EUR/USD.

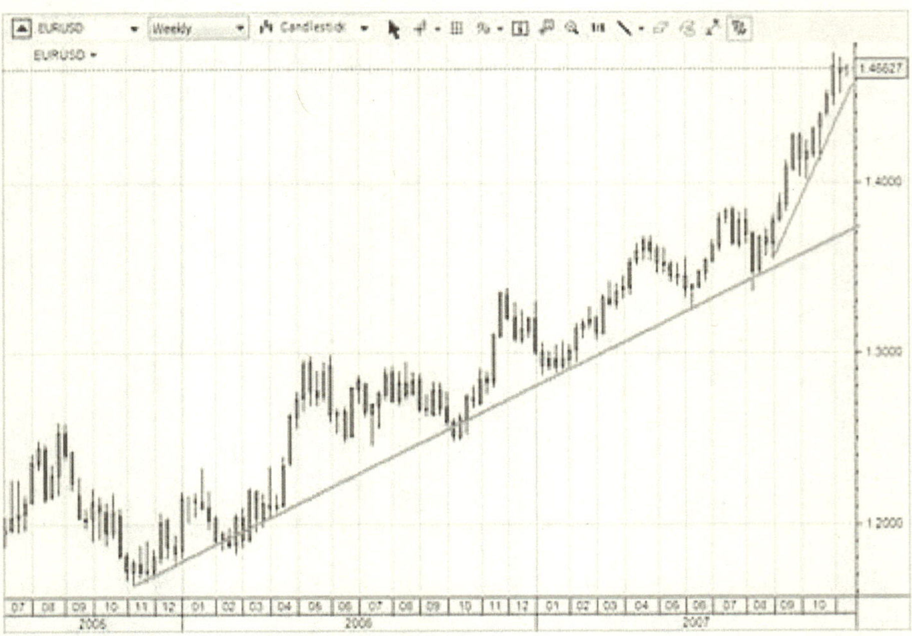

Em seguida, você olha para a tabela de sinais para identificar um bom sinal de compra para o EUR/USD. Neste exemplo, estamos analisando a utilização do índice de canal de mercadorias (CCI) para gerar o sinal de negociação. Você pode ver no gráfico diário do EUR/USD que a CCI deu um sinal de compra em 10 de outubro ao cruzar de abaixo -100 para acima -100. A tendência no gráfico diário do EUR/USD também estava se movendo para cima.

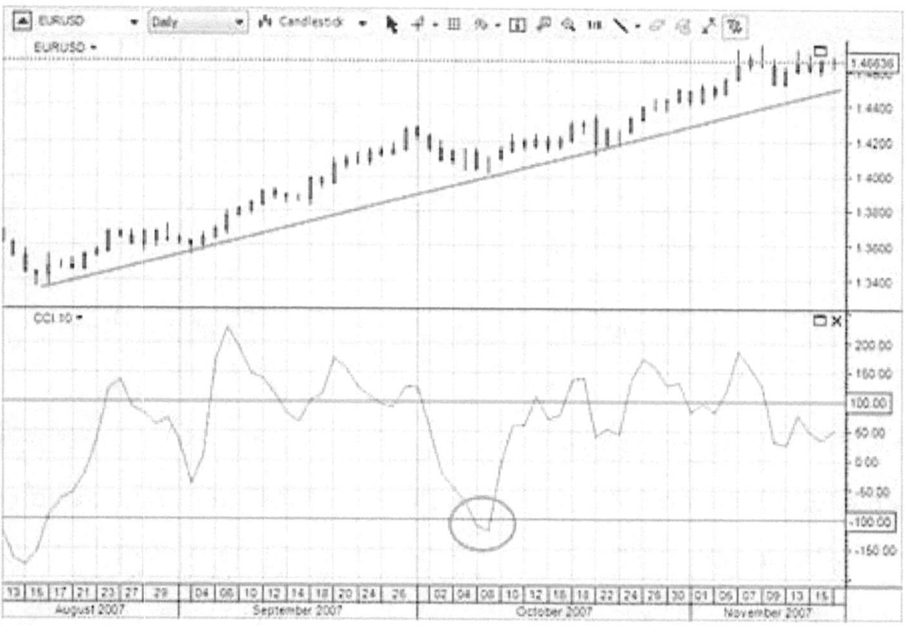

Finalmente, você olha para o gráfico de tempo para identificar um momento apropriado para comprar o EUR/USD. Você pode ver no gráfico de 1 hora do EUR/USD que o par de moedas está em uma tendência de alta no momento em que o sinal de negociação foi dado no gráfico de sinais. Você também pode ver que a CCI no gráfico de 1 hora tinha acabado de dar um sinal de compra aproximadamente no mesmo momento em que a CCI no gráfico de sinal tinha gerado seu sinal.

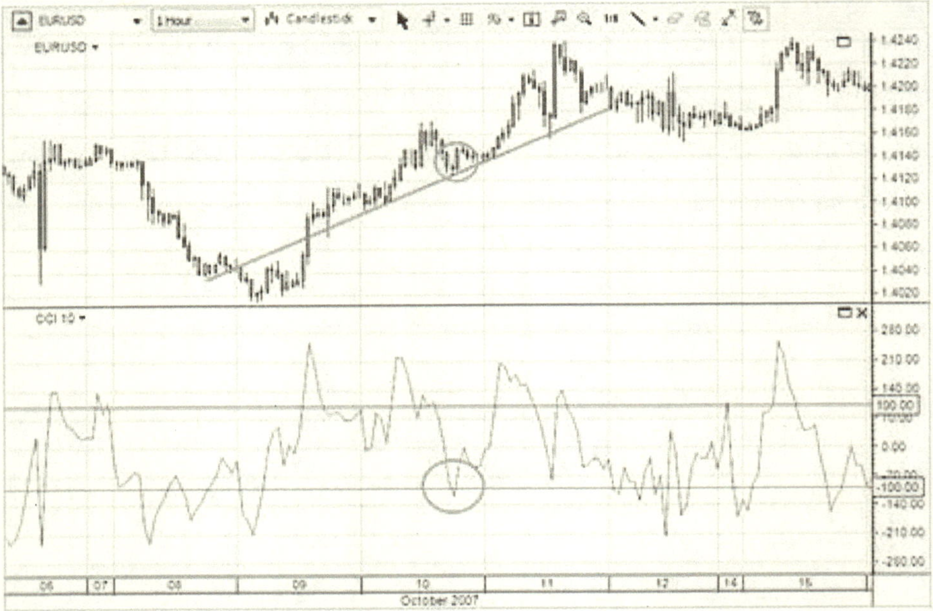

Ver o sinal de negociação gerado no gráfico de sinais alinhado tão bem com a tendência no gráfico de tendência e o movimento da moeda no gráfico de tempo deve lhe dar maior confiança na probabilidade de sua negociação ganhar dinheiro. O uso de múltiplos períodos de tempo, como regra, fornece a você informações comerciais mais precisas.

CAPÍTULO 8:

Relacionamentos Entre Mercados Intermediários

Relacionamentos Entre Mercados Intermediários

O mercado forex é o mercado financeiro mais líquido. Enquanto nenhum outro mercado financeiro pode competir no tamanho do mercado forex, os outros mercados têm impacto sobre o mercado forex. Por exemplo, o mercado de títulos americano pode afetar o valor do dólar americano (USD) assim como o mercado de ações canadense pode afetar o valor do dólar canadense (CAD).

Para se tornar um investidor de sucesso, você precisará entender as relações que existem entre os mercados financeiros mundiais e como essas relações podem afetar os pares de moedas que você está negociando. Muitas vezes, você pode receber um aviso antecipado do que está prestes a acontecer no mercado forex, ficando atento ao que está acontecendo em outros mercados financeiros. Por exemplo, se você vir o valor do ouro subindo rapidamente, você pode procurar um aumento semelhante no valor do AUD/USD. Uma vez que você saiba o que deve estar ciente, você pode tirar proveito das correlações similares que os grandes investidores institucionais estão observando. Agora vamos nos concentrar em como os seguintes mercados afetam o mercado forex: Mercado de Commodities, Mercado de Títulos, Mercado de Ações.

Mercado de Commodities e Mercado Forex

A demanda global por commodities tem vinculado o mercado de commodities e o mercado forex mais próximo. Praticamente todas as economias ao redor do mundo têm que importar algumas de suas commodities. Para comprar essas commodities, os importadores devem trocar sua moeda pela moeda da economia da qual estão importando as mercadorias. Esta transação impulsiona a demanda pela moeda do exportador, o que aumenta o valor dessa moeda. Esta transação também diminui o valor da moeda do importador.

Três das principais moedas, o dólar canadense (CAD), o dólar australiano (AUD) e o dólar neozelandês (NZD) estão intimamente ligados aos valores das mercadorias, pois são os principais exportadores de mercadorias. Conforme o preço das commodities sobe, o valor dessas moedas normalmente sobe. Como o preço das commodities cai, o valor dessas moedas normalmente cai. Cada uma dessas moedas de commodities, como são chamadas, é afetada de forma diferente por várias commodities. Por exemplo, o dólar australiano está correlacionado com o ouro. Como o preço do ouro sobe mais alto, o valor do dólar australiano também sobe. Como o preço do ouro vai para baixo, o valor do dólar australiano também cai. Embora esta correlação não seja perfeita, vale a pena prestar atenção a ela.

Prestar atenção aos eventos no mercado de commodities nos próximos anos pode levar você a lucros em suas negociações forex. Esteja preparado para tirar proveito não só das moedas que se fortalecerão à medida que os preços das commodities aumentarem, mas também das moedas que se enfraquecerão.

Mercado de Títulos e o Mercado Forex

Após o mercado forex, o mercado global de títulos é o segundo maior mercado financeiro do mundo. Governos, instituições e investidores individuais participam ativamente do mercado global de títulos, e cada um destes participantes do mercado está procurando a mesma coisa, lucros!

Os títulos do governo constituem a maior porcentagem do mercado global de títulos. Estes títulos são normalmente vistos como investimentos sem risco porque são apoiados pela boa vontade e fé total dos governos nacionais. No entanto, nem todos os títulos do governo são criados de forma igual. Alguns governos pagam uma taxa de juros maior por seus títulos do que outros. Os investidores internacionais levam em conta estas taxas de juros quando decidem onde investir seu dinheiro. Normalmente, os títulos com taxas de juros mais altas são mais atraentes para os investidores, desde que as economias que os apoiam sejam relativamente estáveis.

Os investidores que desejam comprar títulos do governo devem comprar estes títulos com a moeda do governo representado. Se os investidores internacionais desejam comprar títulos do governo dos EUA, eles primeiro trocam suas moedas por dólares americanos (USD). Este aumento da demanda por dólares americanos (USD) aumenta o valor do USD. Ao mesmo tempo, o aumento da oferta de moedas internacionais no mercado faz com que o valor dessas moedas seja menor.

Saber quais governos oferecem taxas de juros mais altas sobre seus títulos do governo e quais títulos estão ganhando popularidade entre os investidores internacionais ajudará você a saber quais moedas comprar e quais moedas vender.

Mercados de Ações e o Mercado Forex

Os investidores individuais globalmente parecem observar as bolsas de valores mais de perto do que qualquer outro mercado. As ações são emocionantes, já existem há algum tempo e a maioria dos investidores individuais pode se relacionar com as empresas nas quais estão comprando ações. Quando os tempos são bons no mercado de ações, o dinheiro flui para dentro. Quando os tempos são ruins no mercado de ações, o dinheiro flui para fora.

A globalização tornou mais fácil para os investidores de um país investir nos mercados de ações de outros países. Se os investidores virem que as ações nos Estados Unidos estão tendo um bom desempenho, eles se apressarão a comprar essas ações. Se virem que as ações no Japão estão começando a superar as ações na Europa, retirarão seu dinheiro da Europa e o colocarão no Japão. As ações são negociadas na moeda da economia da qual fazem parte. Para investir em ações nos Estados Unidos, os investidores estrangeiros devem primeiro converter suas moedas em dólares americanos (USD). Este aumento da demanda por dólares americanos aumenta o valor do dólar americano. Ao mesmo tempo, o aumento da oferta de moedas internacionais no mercado faz com que o valor dessas moedas seja menor.

Os investidores Forex observam de perto como os mercados de ações estão se saindo. Se o mercado acionário de um país começa a superar o mercado acionário de outro país, os investidores forex sabem que outros investidores provavelmente irão mover seu dinheiro do país com o mercado acionário mais fraco para o país com o mercado mais forte. Isto irá elevar o valor da moeda para o país com o mercado acionário mais forte e o valor da moeda para o país com o mercado mais fraco mais baixo. Ao comprar a moeda do país com o mercado mais forte e depois vender a moeda do país com o mercado mais fraco, você pode potencialmente obter um bom lucro.

CAPÍTULO 9:

Análise Fundamental Essencial

A Força Econômica Impulsiona os Valores das Moedas

As economias fortes geralmente têm moedas fortes, as duas estão ligadas. Quando uma economia está funcionando bem, geralmente significa que as corporações são lucrativas, a maior parte da força de trabalho é empregada e, na maioria dos casos, as taxas de juros estão aumentando. Estas características de uma economia forte o beneficiam como operador forex.

O aumento das taxas de juros é um dos indicadores mais preditivos para o aumento do valor da moeda e os bancos centrais em todo o mundo determinam as taxas de juros em suas respectivas economias. Esses bancos centrais normalmente aumentam as taxas de juros quando a inflação medida pelo índice de preços ao consumidor (CPI) e o índice de preços do produtor (PPI) começa a crescer muito rapidamente.

O crescimento econômico dá origem à inflação. O básico é que quanto mais forte for a economia, maior será a demanda por trabalhadores. À medida que a demanda por trabalhadores sobe, os salários desses trabalhadores também aumentam. Quanto mais dinheiro os trabalhadores levam para casa em seus salários, mais dinheiro eles têm que gastar em lojas de varejo, em carros e em casas. Conforme a demanda por bens e serviços aumenta, o preço desses bens e serviços também aumenta, em outras palavras, a inflação.

Naturalmente, se os bancos centrais observarem os indicadores de inflação (como o CPI e o PPI) em seu processo de tomada de decisão, você supõe que eles também estariam interessados em observar os indicadores de força econômica para ver o quão forte é uma economia e eles certamente são. Os bancos centrais observam os seguintes indicadores econômicos fundamentais para avaliar a força de uma economia, e você também deve observar:

Produto Interno Bruto (PIB), Folha de Pagamento Não Agrícola, Pedidos de Bens Duráveis, Vendas a Varejo.

Produto Interno Bruto (PIB)

O Produto Interno Bruto (PIB) é a medida mais ampla da atividade econômica agregada disponível. Reportado trimestralmente, o crescimento do PIB é amplamente seguido como o principal indicador de força econômica.

O PIB representa o valor total da produção de um país durante o período e consiste nas compras de bens e serviços produzidos internamente por indivíduos, empresas, estrangeiros e o governo. Como os relatórios do PIB estão frequentemente sujeitos a volatilidade e revisões trimestrais notáveis, é melhor seguir o indicador ano a ano. Pode ser valioso seguir a taxa de tendência de crescimento em cada uma das principais categorias do PIB para determinar os pontos fortes e fracos da economia. Um valor elevado do PIB está frequentemente associado às expectativas de taxas de juros mais altas, o que é frequentemente positivo, pelo menos no curto prazo para a moeda envolvida. Isto permanece verdadeiro, a menos que as expectativas de aumento da pressão inflacionária estejam simultaneamente minando a confiança na moeda.

Folha de Pagamento Não Agrícola (EUA)

Este relatório é uma medida do número de pessoas empregadas por empresas não agrícolas. As mudanças mensais no emprego assalariado refletem o número líquido de novos empregos criados ou perdidos durante o mês e as mudanças são amplamente seguidas como um indicador importante da atividade econômica.

O emprego em folha de pagamento é um dos principais indicadores mensais da atividade econômica agregada, pois engloba todos os principais setores da economia. Também é útil examinar as tendências de criação de empregos em várias categorias industriais, pois os dados agregados podem mascarar desvios significativos nas tendências subjacentes do setor. Grandes aumentos no emprego assalariado são vistos como sinais de forte atividade econômica que podem eventualmente levar a taxas de juros mais altas que apoiam a moeda. Se as pressões inflacionárias forem vistas como uma construção, isto pode minar a confiança a longo prazo na moeda.

Pedidos de Bens Duráveis

As encomendas de bens duráveis são um indicador importante das tendências do setor de manufatura porque a maior parte da produção industrial é feita sob encomenda. Muitas vezes, o indicador exclui as ordens de defesa e transporte porque estas são geralmente muito mais voláteis do que as demais ordens e podem obscurecer a tendência subjacente mais importante.

Encomendas de bens duráveis são também uma medida das novas encomendas feitas a fabricantes nacionais para entrega imediata e futura de bens duros de fábrica. As mudanças percentuais mensais refletem a taxa de mudança de tais pedidos. Os níveis e mudanças nos pedidos de bens duráveis são amplamente seguidos como um indicador da dinâmica do setor de fábrica. Os pedidos de bens duráveis crescentes estão normalmente associados a uma atividade econômica mais forte e podem, portanto, levar a taxas de juros mais altas a curto prazo que muitas vezes são favoráveis a uma moeda.

Vendas no Varejo

As vendas no varejo são uma medida da receita total das lojas de varejo. As mudanças percentuais mensais refletem a taxa de mudança de tais vendas e são amplamente seguidas como um indicador de gastos do consumidor. As vendas de varejo são um indicador importante dos gastos do consumidor porque representam quase metade dos gastos totais do consumidor e aproximadamente um terço da atividade econômica agregada.

Muitas vezes, as Vendas a Varejo são seguidas menos as vendas de automóveis porque estas são geralmente muito mais voláteis do que o resto das Vendas a Varejo e podem, portanto, obscurecer a tendência subjacente mais importante.

O aumento das vendas a varejo está frequentemente associado a uma economia forte e, portanto, a uma expectativa de taxas de juros mais altas a curto prazo que são muitas vezes positivas para uma moeda a curto prazo.

Indicadores Econômicos Regionais

Indicadores regionais como os relatórios Tankan são muito importantes para o JPY e, portanto, têm um impacto considerável em outros mercados da região. Os pedidos de máquinas também são um dado crítico, pois isso afeta as empresas exportadoras que, por sua vez, também afeta a moeda.

Os números do IPC de vários países, especialmente Austrália, Japão e China, são normalmente um motor do mercado e são observados de perto por comerciantes profissionais.

Os números do Índice Gerente de Compras (PMI) definem o tom para o mês e são um indicador antecipado da atividade econômica na região.

CAPÍTULO 10:
Psicologia do Trade

Psicologia do Trade

Comerciantes forex têm que competir não apenas com outros comerciantes no mercado forex, mas também com eles mesmos. Muitas vezes, como operador forex, você será seu próprio pior inimigo. Como humanos, muitas vezes somos emocionais. Nossos egos querem ser validados, queremos provar para nós mesmos que sabemos o que estamos fazendo e que somos capazes de cuidar de nós mesmos. Nossas emoções e instintos podem se combinar para nos proporcionar êxitos comerciais de tempos em tempos. Na maioria das vezes, porém, nossas emoções nos levam ao melhor e nos levam a perdas comerciais, a menos que aprendamos a controlá-las.

Muitos comerciantes forex acreditam que seria ideal se você pudesse se separar completamente de suas emoções. Infelizmente, isso é muito difícil, quase impossível, e algumas de suas emoções podem realmente ajudar a melhorar suas negociações. A coisa inteligente que você pode fazer é aprender a se entender como um trader. Identifique seus pontos fortes e seus pontos fracos e depois selecione um estilo de negociação que seja melhor para você. Neste capítulo, aprenderemos sobre os seguintes quatro preconceitos psicológicos que podem estar afetando seus resultados comerciais e o que você pode fazer para superá-los: Viés de super confiança, Viés de ancoragem, Viés de confirmação, Viés de aversão a perdas.

Viés de Super Confiança

O viés de super confiança é uma crença exagerada em suas habilidades como negociante forex. Se alguma vez você se encontrar pensando que já descobriu tudo, que não há mais nada a aprender e que o dinheiro é seu para a entrada no mercado, você provavelmente sofre de um viés de super confiança.

Perigos da Super Confiança

Comerciantes excessivamente confiantes tendem a se meter em problemas ao negociar com demasiada frequência (negociando demais) ou ao colocar negócios extremamente grandes à medida que vão em busca da grande vitória. No final, um comerciante superconfiante acabará negociando excessivamente, agitando a conta do comerciante ou arriscando muito na única negociação que vai mal e acaba com a maior parte do saldo de sua conta.

Você é Super Confiante?

Se você quer saber se tem alguma tendência de excesso de confiança, pergunte-se se você já saltou de volta a uma profissão que acabou de fechar, não porque você viu outra oportunidade de entrada, mas porque você não podia acreditar que estava errado? Você também pode considerar se você alguma vez colocou mais em uma troca do que normalmente colocaria só porque tinha certeza de que a troca seria uma vitória? Se você tem, você precisa estar atento a essas tendências.

Superando a Super Confiança

A melhor maneira de superar um preconceito de super confiança é estabelecer um conjunto rígido de regras de gestão de risco. Essas regras devem cobrir, no mínimo, quantas negociações você se permitirá realizar de uma vez, quanto de sua conta você está disposto a arriscar em qualquer negociação e quanto de sua conta você está disposto a perder antes de fazer uma pausa nas negociações e avaliar sua estratégia. Ao limitar o número de negociações em que você está disposto a estar e a quantidade de risco que você está disposto a assumir, você pode distribuir seu risco por sua carteira. Faça com que o fracasso possa sobreviver!

Viés de Ancoragem

O viés de ancoragem é uma tendência a acreditar que o futuro vai parecer ou comportar-se de forma semelhante ao presente. Quando você se ancora muito perto do presente, você não consegue ver as mudanças dramáticas que são possíveis à medida que os pares de moedas flutuam e os fundamentos subjacentes mudam.

Perigos da Ancoragem

Traders ancorados geralmente se metem em problemas ao se convencerem de que a tendência atual nunca vai acabar e que uma inversão na força econômica de um determinado país é quase impossível. Logo, eles se apegam emocionalmente à tendência anterior de um par de moedas e continuam a colocar negócios que vão contra a nova tendência. A cada comércio, eles perdem quantidades crescentes de dinheiro porque estão contrariando a tendência.

Você Está Ancorando?

Se você quiser saber se tem alguma tendência de ancoragem, questione-se, se alguma vez perdeu dinheiro porque não pôde aceitar que a tendência tinha terminado. Se você tem, você precisa estar ciente dessa tendência.

Superando a Ancoragem

Uma boa maneira de superar a ancoragem é olhar para múltiplos períodos de tempo em seus gráficos. Se você costuma negociar com gráficos horários, dê uma olhada nos gráficos diários e semanais ocasionalmente para ver onde estão alguns dos níveis de apoio e resistência de longo prazo e como são as tendências de longo prazo. Você também deve dar uma olhada nos gráficos de curto prazo para ver quando as tendências de curto prazo estão se invertendo. Expandir sua perspectiva o ajudará a evitar ancorar-se em qualquer ponto.

Viés de Confirmação

O viés de confirmação é uma propensão a procurar apenas as informações que confirmam as crenças que você já tem. Por exemplo, se você acredita que o EUR/USD vai subir, você vai procurar as notícias, os indicadores técnicos e os fatores fundamentais que sustentam sua crença.

Perigos da Busca de Confirmação

Comerciantes que buscam ativamente a confirmação de suas crenças tendem a perder sinais-chave de aviso que normalmente os teriam protegido de perdas desnecessárias. Numa tentativa de construir um caso para suas crenças, os comerciantes perdem os fatos. Em última análise, isto os leva a lutar contra a tendência e a perder dinheiro com seus negócios.

Você Procura Confirmação?

Se você quer saber se tem alguma tendência de enviesamento de confirmação, reflita sobre com que frequência você procura sinais de que pode estar errado em sua análise? Se sua resposta é raramente ou nunca, você pode ser um buscador de confirmação, e precisa estar ciente disso.

Superando o Viés de Confirmação

Uma maneira de superar o viés de confirmação é encontrar alguém, ou uma rede com a qual você possa conversar sobre sua negociação. Esperamos que a pessoa ou grupo com quem você fala sobre sua negociação nem sempre concorde com você. Falar com comerciantes que têm diversas perspectivas e ideias o ajudará a olhar para suas negociações de diferentes ângulos. Algumas vezes você fortalecerá suas convicções falando com outros comerciantes. Outras vezes, conversar com seus parceiros comerciais fará com que você mude de rumo. Manter a mente aberta ajudará você a aprender novas estratégias e evitará se agarrar por muito tempo a crenças antigas.

Viés de Aversão a Perdas

O viés de aversão a perdas baseia-se na teoria de que a dor causada pela perda de $1.000 é maior do que a alegria de ganhar $1.000. Para ser mais direto, o medo é um motivador mais poderoso do que a ganância.

Perigos de Aversão a Perdas

Os traders que temem perdas são muito mais propensos a manter posições perdidas do que os comerciantes que são capazes de aceitar perdas de curto prazo e passar para outras negociações mais lucrativas. Manter posições perdidas prejudica a estabilidade de sua conta, não apenas por incorrer em perdas, mas também o mantém fora de melhores negociações.

Você Teme Perdas?

Se você quiser saber se tem algum ponto fraco de aversão a perdas, pergunte-se se já se agarrou a um comércio perdedor, passando o ponto em que sabia que deveria ter saído porque esperava que o par se virasse e apagasse as perdas. Se você tem, você precisa estar atento a essas tendências.

Superando a Aversão a Perdas

Uma boa maneira de superar um viés de aversão a perdas é negociar com ordens de stop-loss definidas. Muitos comerciantes dizem a si mesmos que vão negociar com uma ordem stop-loss mental, uma ordem stop-loss que eles pensam e prometem a si mesmos que vão executar se o par de moedas alguma vez chegar a ela. Com muita frequência, os comerciantes ignoram isso e não agem com base em suas stop-losses mentais. Eles permitem que suas emoções dominem e começam a racionalizar sua escolha de permanecer na troca até que ela se inverta. Assim que você entra numa troca, você deve estabelecer sua ordem de stop-loss. Retire suas emoções do quadro.

CONCLUSÃO

Obrigado por ter chegado ao final de *Análise Técnica Avançada Para Forex*. Esperemos que tenha sido informativo e capaz de lhe fornecer as ferramentas que você precisa para alcançar seus objetivos de negociar e ganhar dinheiro. O próximo passo é testar suas habilidades na negociação e construir seu capital de risco. Isto lhe dará a motivação de que você precisa para ter sucesso.

Eu tenho vários outros livros sobre diferentes aspectos da negociação e classes de ativos, por favor, confira-os!

PERFIL DO AUTOR

W**ayne Walker** é o diretor de uma empresa de educação e consultoria de mercados de capitais globais (gcmsonline.info). Ele tem vários anos de experiência em liderar e treinar equipes de Consultores de Investimento e gerenciou equipes de alto desempenho no Grupo de Clientes Privados com base no Bench Mark Earnings (BME).